Danke!

Danke!

Gedichte, Gedanken, Geschichten

RECLAM

MIX
Papier aus verantwortungsvollen Quellen
FSC® C083411

2022 Philipp Reclam jun. Verlag GmbH,
Siemensstraße 32, 71254 Ditzingen
Umschlaggestaltung: zero-media.net
Umschlagabbildung: FinePic®
Druck und buchbinderische Verarbeitung:
CPI books GmbH, Birkstraße 10, 25917 Leck
Printed in Germany 2022
RECLAM ist eine eingetragene Marke
der Philipp Reclam jun. GmbH & Co. KG, Stuttgart
ISBN 978-3-15-011392-9
www.reclam.de

Inhalt

»Hundertmal glücklich«

Vielerlei Gründe, dankbar zu sein

»Bindfaden, an den ich denke«

Kleine Momente der Dankbarkeit

Tut dir jemand was zulieb,
Nur geschwinde, gib nur, gib.
Wenige getrost erwarten
Dankesblume aus stillem Garten.

Johann Wolfgang Goethe

»Nun will ich zum Danke fliegen«

Über ein kleines Wort mit großer Wirkung

Dank ist ja vielmehr eine Verfassung
denn eine Aussprache.

Rainer Maria Rilke

Der echte Wohltäter

Dankbarkeit ist die zarte Pflanze; Dank ihre edle Frucht. Dankbarkeit blüht gleich jedem Gewächse, öfter falsch; Schwäche, Leichtsinn, Gewohnheit, Umstände, Verderbtheit zerstören die Frucht, welken die Pflanze selbst. Der echte Wohltäter, der echte Nützliche ist kein ängstlicher Gärtner, der säet und pflanzt, um zu ernten. Er streuet Hülfe aus, weil man ihrer bedarf, unbekümmert, ob ihm Früchte erwachsen. Aber begegnet er zufällig der glücklich aufgesprossten Pflanze, labt ihn zufällig die gediehene Frucht, so freuet er sich des herrlichen Erzeugnisses, das er fand, ohne es zu suchen.

Nun will ich zum Danke fliegen

»Mancherlei hast du versäumet:
Statt zu handeln, hast geträumet,
Statt zu danken, hast geschwiegen,
Solltest wandern, bliebest liegen.«

Nein, ich habe nichts versäumet!
Wisst ihr denn, was ich geträumet?
Nun will ich zum Danke fliegen,
Nur mein Bündel bleibe liegen.

[D]ankbare Menschen sind wie fruchtbare Felder, sie geben das Empfangene zehnfach zurück.

August von Kotzebue

Man darf wohl eine Bitte abweisen, aber nimmermehr darf man einen Dank abweisen (oder, was dasselbe ist, ihn kalt und konventionell annehmen). Dies beleidigt tief – und warum?

Friedrich Nietzsche

Nur die Liebe weiß zu danken

Lass der Menschen Dankbarkeit
Immerhin dir sein entbehrlich,
Mit dem Wort sind sie bereit,
Doch die Tat ist gar beschwerlich.

Nur wo Gab' und Dankeszoll
Stets sich ineinander ranken,
Sprossen, gleicher Blüten voll,
Nur die Liebe weiß zu danken.

WILHELM BUSCH

Doppelte Freude

Ein Herr warf einem Bettelmann
Fünf Groschen in den Felber.
Das tat dem andern wohl, und dann
Tat es auch wohl ihm selber.

Der eine, weil er gar so gut,
Kann sich von Herzen loben;
Der andre trinkt sich frischen Mut
Und fühlt sich auch gehoben.

Denn was ist göttlicher, als wenn du liebreich bist!

Mensch! mache dich verdient um andrer Wohlergehen;
Denn was ist göttlicher, als wenn du liebreich bist!
Und mit Vergnügen eilst, dem Nächsten beizustehen,
Der, wenn er Großmut sieht, großmütig dankbar ist!

Gutes empfangen, Gutes tun

Das *Bewähren von Dankbarkeit* ist aber noch etwas mehr und etwas Allgemeineres, als daß ich Menschen, die mir einen Dienst geleistet haben, bei Gelegenheit meinerseits helfe. Es besteht darin, daß ich für alles, was ich Gutes *empfangen* habe, Gutes *tue*. Oft kannst du einem Menschen nicht vergelten, was er dir erwiesen, weil er nie in die Lage kommt, dich zu brauchen, vielleicht auch nicht mehr auf der Welt ist. Überhaupt kannst du für alle Barmherzigkeit, die dir geschieht, nicht immer bestimmten Menschen danken. Oft kennst du die nicht, von denen sie ausgeht.

Ein Mensch wird zur Operation in die Straßburger Klinik gebracht. Wem dankt er es, wenn er dort geheilt werden kann? Nicht nur dem Professor, der ihn operiert, den Assistenten, die ihn verbinden, und den Schwestern, die ihn pflegen, sondern noch andern Menschen, die im Hintergrunde der Vergangenheit stehen. Daß das Spital da ist, um ihn aufzunehmen, geht auf diejenigen zurück, die es durch ihre Schenkungen in vergangener Zeit gründeten. Daß er sanft eingeschläfert wird und die Operation für ihn nicht grausige Qual bedeutet, wie es vor hundert Jahren der Fall gewesen wäre, kommt ihm von denen zu, die die Wirkungen des Äthers und des Chloroforms entdeckten, und von denen, die sich zu den ersten Versuchen mit diesen Stoffen hergaben. Daß man endlich Operationen aseptisch, das heißt ohne Angst um die Vereiterung, die früher die schwere Gefahr aller chirurgischen Eingriffe bildete, unternehmen kann, hat ihm der Wiener Arzt Semmelweis durch seine Beobachtungen erworben, daß alle Wundfieber von unsichtbarem Schmutz, den der Operateur an seinen Händen in die Wunde bringt, hervorgerufen werden und zu vermeiden sind, wenn er sie vorher mit desinfizierenden Stoffen – Semmelweis verwandte zuerst Chlorkalk – reinigte. Diese unbekannten Wohltäter der Vergangenheit helfen bei jeder Operation mit, und der Operierte schuldet ihnen seine Heilung, ohne die Dankbarkeit je an sie abtragen zu können. Also muß er sie in ihrem Namen denen zu gute kommen lassen, die ihrer bedürfen.

Darum, in der Art, wie dir Gutes widerfahren ist, *tue Gutes zum Danke*. Führe bei dir selbst Rechnung darüber, ob du den Betrag, den du an das Schicksal und an unbekannte Menschen schuldest, richtig begleichst. Ist dir in Krankheit geholfen worden, wisse, daß du dafür etwas für einen Kranken tun sollst. Hat dir jemand in der Bedrängnis mit einem Darlehen ausgeholfen, und es ist einer in der gleichen Not wie du, hilf ihm aus Dankbarkeit für das, was an dir getan wurde. Du kamst irgendwo als Fremder hin und jemand nahm sich deiner an; dies will heißen, daß du einem Fremden dasselbe tun sollst. Jemand tat für dich einen Gang oder trat für dich ein; dafür mußt du einem andern in derselben Weise dienen. Jemand war dir behilflich, daß du die richtige Lehre bekamst, um etwas Tüchtiges zu werden; sieh dich um, wo ein Mensch deiner so bedarf. Irgend einer gab dir umsonst, was man sonst bezahlt; gib du dafür irgend jemandem umsonst, was du dir bezahlen lassen könntest. Oder er nahm Zeit für dich, wo er kaum welche zur Verfügung hatte. Das will heißen, daß du selber einmal, auch wo du überarbeitet bist, Zeit für einen Menschen haben mußt. Also tu in deinem ganzen Leben, im großen wie im kleinen. Rede nicht viel davon. Es beruht auf einer Buchführung, in die du allein Einblick hast und haben sollst. Sie geht die anderen nichts an. Mache nur, daß die Rechnung stimmt.

Es gibt in der Natur Pflanzen, die sich unterirdisch verbreiten. Die Wurzel wächst unter der Erde weiter und sendet an einer bestimmten Stelle einen neuen Trieb in die Höhe, so daß dann mehrere Pflanzen nebeneinander, scheinbar selbständig und unabhängig voneinander, auf demselben Platze stehen. In Wirklichkeit aber sind sie aus der Wurzel der einen, die zuerst dastand, hervorgegangen. Also sei es mit der Verbreitung des Guten. Das Gute, das dir widerfuhr, sende durch diese triebfähigen Wurzeln, aus denen neue Taten hervorgehen. Verstehe das Geheimnis der Dankbarkeit. Sie ist mehr als eine sogenannte Tugend. Als ein geheimnisvolles Gesetz des Geschehens werde sie dir offenbar. Im Gehorsam gegen dasselbe haben wir unsere Bestimmung zu erfüllen.

Dies ist eine mystische Auffassung der Dinge. Gewiß. Aber wo wir den Dingen auf den Grund gehen, kommen wir immer auf etwas Geheimnisvolles. Das Leben und alles, was damit zusammenhängt, ist unergründlich. Was in das Gebiet des Alltäglichen zu gehören scheint, nimmt seinen ungeahnt tiefen und folgenreichen Charakter an, sobald wir es zu Ende überdenken. Das Wissen vom Leben ist das Erkennen des Geheimnisvollen. Recht handeln heißt, den Gesetzen gehorchen, die aus diesem Erkennen des Geheimnisvollen kommen.

Arbeitest du an dir, das große Gesetz der Dankbarkeit zu erfüllen, so trägt dir diese Anstrengung nebenbei etwas Merkwürdiges ein: Du leidest viel weniger unter der Undankbarkeit, die dir begegnet, als vorher. Beobachtest du dich selber im täglichen Leben und bemerkst du die hundertfachen Versäumnisse an Dankbarkeit, die du dir fort und fort zuschulden kommen läßt, so rechtest du mit den anderen nicht mehr so, wie die, die noch nicht zur Selbstbesinnung gekommen sind. Das Gefühl der Schuld, die auf dir selber lastet, macht dich nachsichtig. Du hast eingesehen, wie schwer es ist, sich in allem und gegen alle wirklich dankbar zu erweisen. Was an dir versäumt wird, tut dir nicht mehr so weh, als wenn du dich noch naiv entrüstetest.

Ferner aber weißt du auch, daß mehr Erkenntlichkeit vorhanden ist, als in die Erscheinung tritt, weil viel empfundene Dankbarkeit nicht dazu kommt, sich in Worten oder Taten kundzugeben. Mit diesem Trost tröstest du dich, wo andere fassungslos sind. Die Undankbarkeit, die in der Welt ist, ist eine Macht des Bösen, die über dich nicht mehr ihre ganze Gewalt hat. Du überläßt den vielen gedankenlosen und undankbaren Menschen das Sprichwort: »Undank ist der Welt Lohn« zur Beute. Für dich aber lernst du darüber lächeln als einer, der in die Dinge und hinter die Dinge gesehen hat und bei so trauriger Weisheit nicht stehen bleibt.

Dankbarkeit auf Erden

Wenn alle untreu werden,
So bleib ich dir doch treu;
Dass Dankbarkeit auf Erden
Nicht ausgestorben sei.
Für mich umfing dich Leiden,
Vergingst für mich in Schmerz;
Drum geb ich dir mit Freuden
Auf ewig dieses Herz.

Die Grazien

AGLAIA. Anmut bringen wir ins Leben;
Leget Anmut in das Geben.
HEGEMONE. Leget Anmut ins Empfangen,
Lieblich ist's den Wunsch erlangen.
EUPHROSYNE. Und in stiller Tage Schranken
Höchst anmutig sei das Danken.

»Hundertmal glücklich«

Vielerlei Gründe, dankbar zu sein

Es gibt nur ein Mittel, sich wohl zu fühlen: Man muss lernen mit dem Gegebenen zufrieden zu sein und nicht immer *das* verlangen, was gerade fehlt.

Theodor Fontane

THEODOR FONTANE

Zuspruch

Such nicht immer, was Dir fehle,
Demut fülle Deine Seele,
Dank erfülle Dein Gemüt.
Alle Blumen, alle Blümchen,
Und darunter selbst ein Rühmchen
Haben auch für Dich geblüht!

Sei nicht dumm

Kurzen Sommer blüht die Blume,
Denn das Schöne währt nicht lang,
Schwach Gedächtnis bleibt vom Ruhme,
Jubel schwindet und Gesang.

Blumen welken, Mädchen altern,
Folgsam ewigem Gesetz,
Jugend bannt man nicht mit Psaltern,
Und die Dauer bleibt Geschwätz.

Deshalb wollen wir zur Neige
Schlürfen jeden Augenblick;
Blau der Himmel, grün die Zweige,
Sei nicht dumm und preis das Glück!

Das Beste in der Welt bleibt ohne Dank.

Helene Gräfin von Waldersee

Der Philosoph der Üppigkeit. – Ein Gärtchen, Feigen, kleine Käse und dazu drei oder vier gute Freunde, – das war die Üppigkeit Epikurs.

Friedrich Nietzsche

Klage nicht

Klage nicht, dass dir im Leben
Ward vereitelt manches Hoffen.
Hat was du gefürchtet eben
Doch auch meist dich nicht betroffen.

ARTHUR SCHOPENHAUER

Hundertmal glücklich

Klein gut Kerl
Lebt noch
Näher bei Dir
Als Du glaubst

Mein lieber Anthime!
Dein Brief an meine Schwester, den sie mir geschickt hat, hat mir unaussprechliches Vergnügen bereitet: Es ist wie ein süßer Ton, der von ferne kommt, aus dem schönen Land der glücklichen Kindheit. – Ich schwöre Dir, dass ich seit drei Jahren, bei der Lektüre der Ankunfts-Liste auf die zahlreichen Reisenden, die durch Frankfurt kommen, aufgepasst habe, um einen aus Le Havre zu finden, der mir Nachrichten von Dir geben könnte: Ich habe zwei davon verfehlt: Sie hielten sich gar nicht auf. Ich hatte also in Hinsicht auf Dich denselben Verdacht wie Du in Hinsicht auf mich: den des Todes. Weil die meisten Menschen, die uns gekannt haben, tot sind. Ich sehe mit viel Vergnügen, dass Du Dich allem Anschein nach nicht nur des Lebens erfreust, sondern überdies der Art des Lebens, die ich immer als schönste von allen begehrt habe: auf dem Lande, Herr im eigenen Haus, umgeben von der Familie und allen Hilfsmitteln und Bequemlichkeiten, vor allem von vielen Büchern und fern, fern von den

übrigen Menschen – (ausgenommen jedenfalls den Herrn Pfarrer und 2 bis 3 ein wenig entferntere Nachbarn) – Hasen und Schnepfen schießen, Zeitungen und Bücher lesen – Töchter und Söhne machen, von denen sicherlich der ältere André heißt und die beiden andern nach dem grauen und dem braunen Onkel. Du wirst das Leben verbracht haben um zu erben und Erben zu hinterlassen. Ein sehr gutes Geschäft. –

Hundertmal glücklich, wer in einem kleinen Winkel
Ganz nach Belieben die Welt von Ferne sieht! –

HANNS VON GUMPPENBERG

Dank

Wenn aber mein Gehirn nachlässt,
Dann nähren kleine Dinge
Freundlich meinen Geist:
Ein Tintenklecks auf meinem Federhalter,
Ein hinterlassnes Fliegentüpfelchen
Auf meiner Buttermilch.

Dank, Klecks!
Dank, Tüpfelchen!
Ihr gebt mir wieder Gedanken.

nach der Arno Holz-Schule

Unter Dankbarkeit versteht man gemeinhin die Bereitwilligkeit, lebenslänglich Salbe aufzuschmieren, weil man einmal Läuse gehabt hat.

Karl Kraus

Konfuzius sprach: »Etwas lernen und sich immer wieder darin üben – schafft das nicht auch Befriedigung?

Und wenn von fernher Gleichgesinnte kommen – ist das nicht auch ein Grund zur Freude?

Konfuzius

Will das Glück nach seinem Sinn
Dir was Gutes schenken,
Sage Dank und nimm es hin
Ohne viel Bedenken.

Wilhelm Busch

Es gibt eine feine Herzensanmut des Gebens,
die fast des Dankes überhebt.

Helene Gräfin von Waldersee

Weltweisheit

Es klingt ein Lied vom Himmel nieder
So wunderlieb, so klar, so rein,
Und deine Seele singt's ihm wieder;
Sie will dem Himmel dankbar sein.
Die andern lauschen rings im Kreise;
Dann siehst du, dass sie lächelnd weitergehn.
Sie sind zu klug, sie sind zu weise,
Um das, was dich beseligt, zu verstehn.

Es kommt ein Strahl vom Himmel nieder;
Er leuchtet in dein Herz hinein,
Und dieses strahlt ihn andern wieder;
Es will dem Himmel dankbar sein.
Doch diese andern stehn im Kreise
Und lächeln über dich, das große Kind.
Sie sind zu klug, sie sind zu weise
Und drum für das, was dich beseligt, blind.

Und käm der Himmel selbst hernieder,
Um dankbar dann auch dir zu sein,
Und füllte alle deine Lieder
Mit seinem ganzen Sonnenschein,
Die andern ständen rings im Kreise
Und fiel das Lächeln ihnen wohl nun schwer,
Sie blieben doch so klug, so weise
Für das, was dich beseligt, wie vorher.

Der Rat einer alten Frau

»Hat jemand was zu erzählen? Heute war ein so trüber Tag, dass ich dringend was zum Lachen brauche«, sagte Meg, als sie an jenem Abend zusammensaßen und nähten.

»Ich hatte ein seltsames Erlebnis mit unserer Tante, aber da es für mich gut ausging, kann ich dich damit unterhalten«, begann Jo, die für ihr Leben gerne Geschichten erzählte. »Ich war gerade dabei, ihr aus diesem endlosen Belsham vorzulesen, wie immer sehr monoton, denn Tante March schläft immer gleich ein, und dann nehme ich mir irgendein schönes Buch und lese wie verrückt, bis sie wieder aufwacht. Dieses Mal wurde ich vom Lesen selbst schläfrig, und bevor sie einnickte, musste ich so gähnen, dass sie mich fragte, was das soll, den Mund so weit aufzureißen, dass ich gleich das ganze Buch verschlingen könnte.

›Ich wünschte, ich könnte es, dann wär die Sache endlich gegessen‹, sage ich, und ich wollte wirklich nicht frech sein. Doch sie hält mir einen langen Vortrag über meine Sünden, und ich solle stillsitzen und darüber nachdenken, während sie sich mal eben ›verliert‹. Bis sie sich wiederfindet, kann es dauern – und kaum, dass ihre Haube anfängt zu wippen wie eine kopflastige Dahlie, zaubere ich den *Pfarrer von Wake-*

field aus meiner Tasche und beginne draufloszulesen, ein Auge auf dem Pfarrer, ein Auge auf Tante March. Gerade komme ich an die Stelle, in der sie ins Wasser stürzen, da lache ich aus Versehen laut auf. Tante March erwacht. Aber weil sie nach ihrem Schläfchen immer besser gelaunt ist, bittet sie mich, ihr ein bisschen aus dem Buch vorzulesen und ihr zu zeigen, welches frivole Werk ich dem würdigen und lehrreichen Belsham vorziehe. Ich gebe mir alle Mühe, und es gefällt ihr, auch wenn sie nur sagt … ›Ich versteh nicht, worum es geht. Fang von vorne an, Kind.‹

Gesagt, getan. Ich mache die Primroses so interessant wie nur möglich. Einmal bin ich so gemein und höre an einer spannenden Stelle auf zu lesen und frage vorsichtig: ›Ich fürchte, es ermüdet dich, Tante March. Soll ich lieber aufhören?‹ Da nimmt sie ihr fallengelassenes Strickzeug wieder in die Hand, wirft mir durch ihre Brille einen scharfen Blick zu und meint auf ihre knappe Art: ›Lies das Kapitel zu Ende, und werde mir nicht frech, Fräulein.‹«

»Hat sie zugegeben, dass es ihr gefallen hat?«, fragte Meg.

»Oh nein, um Gottes Willen! Aber sie ließ den alten Belsham ruhen. Und als ich nachmittags noch mal zurückgelaufen bin, um meine Handschuhe zu holen, saß sie da und war so vertieft in den *Pfarrer*, dass sie gar nicht mitbekam, wie ich gelacht und in der Vorhalle ein kleines Tänzchen aufgeführt habe, wegen der guten Zeiten, die auf mich zukommen. Was für ein schönes Leben sie haben könnte, wenn sie nur wollen würde! Ich beneide sie nicht besonders, trotz ihres Geldes. Ich nehme an, am Ende haben reiche Leute genauso viele Sorgen wie arme.«

»Apropos«, sagte Meg, »ich hab auch was zu erzählen. Es ist nicht lustig wie Jos Geschichte, aber auf dem Heimweg musste ich noch lange drüber nachdenken. Heute bei den Kings waren alle in heller Aufregung, und eines der Kinder sagte, der älteste Bruder hätte irgendwas Schlimmes angestellt und Papa hätte ihn rausgeworfen. Ich hörte Mrs King weinen und Mr King sehr laut sprechen, und Grace und Ellen schauten zur Seite, als sie an mir vorbeikamen, damit ich ihre verweinten Augen nicht sehen konnte. Natürlich hab ich keine Fragen gestellt, aber sie taten mir schrecklich leid und ich war fast froh, dass ich keine wilden Brüder habe, die schlimme Sachen machen und die Familie entehren.«

»Ich finde, in der Schule in Ungnade zu fallen ist viel *aufreibenderer* als alles, was freche Jungen anstellen können«, sagte Amy kopfschüttelnd und schöpfte aus den Tiefen ihrer Lebenserfahrung. »Susie Perkens kam heute mit einem schönen roten Karneol-Ring in die Schule. Diesen Ring hätte ich furchtbar gern gehabt. Ich hab mir so gewünscht, an ihrer Stelle zu sein. Na ja, sie hat eine Karikatur von Mr Davis gemacht, mit riesengroßer Nase und Buckel und Sprechblase, in der stand: ›Meine Damen, ich sehe alles!‹. Wir lachten gerade darüber, als er plötzlich tatsächlich *alles sah*, und Susie musste mit ihrer Schiefertafel nach vorne kommen. Sie war vor Angst fast *parrilisiert*, aber sie ist hingegangen, und was glaubt ihr, was er gemacht hat? Er hat sie am Ohr gepackt – am Ohr! Das müsst ihr euch mal vorstellen! – und zum Lehrerpodest gezerrt, wo sie eine halbe Stunde lang dastehen und ihre Schiefertafel so halten musste, dass alle sie sehen konnten.«

»Haben die Mädchen denn nicht über das Bild gelacht?«, fragte Jo, die von dem Vorfall entzückt war.

»Gelacht? Keine einzige. Sie saßen mucksmäuschenstill, und Susie hat sich die Augen aus dem Kopf geheult, das konnte ich sehen. Da hab ich sie überhaupt nicht mehr beneidet, sondern mir gedacht, dass mich danach nicht mal tausend Karneol-Ringe hätten trösten können. Niemals, niemals wäre ich über eine so *hochrotpeinliche* Herabwürdigung hinweggekommen.« Und Amy fuhr mit ihrer Arbeit fort, im stolzen Bewusstsein ihrer Tugendhaftigkeit und der zwei äußerst schwierigen Wörter, die sie in einem Atemzug verwendet hatte.

»Heute Morgen habe ich was Schönes gesehen, und ich wollte es schon beim Essen erzählen, aber da hatte ich es vergessen«, sagte Beth, die gerade dabei war, in Jos Handarbeitskorb für Ordnung zu sorgen.

»Als ich für Hannah Austern besorgen sollte, war Mr Laurence im Fischladen, aber er konnte mich nicht sehen, weil ich hinter einem Fass stand, während er mit Mr Cutter, dem Verkäufer, redete. Eine arme Frau kam mit Eimer und Putzzeug in den Laden und fragte, ob sie für ein bisschen Fisch den Boden schrubben könne. Sie habe nichts zu essen für ihre Kinder und heute keine Arbeit bekommen. Mr Cutter war sehr beschäftigt und sagte ziemlich mürrisch ›Nein‹. Also wollte sie wieder gehen, hungrig und traurig, doch da hat Mr Laurence mit dem krummen Ende seines Spazierstocks einen großen Fisch geangelt und ihn ihr hingehalten. Sie war so glücklich und überrascht, dass sie den Fisch in die Arme nahm und sich tausendmal bei Mr Laurence bedankt hat. ›Dann mal ab an den Herd‹, sagte er, und sie rannte sofort los, sie war überglücklich! War das nicht nett von ihm? Und sie sah so lustig aus, wie sie diesen großen glitschigen Fisch an sich drückte und Mr Laurence ›Gott segne Sie‹ zurief.«

Nachdem sie über Beths Erzählung gelacht hatten, baten sie ihre Mutter um eine Geschichte. Nach kurzer Überlegung sagte sie ernst:

»Als ich heute in den Räumlichkeiten unseres Vereins saß und blaue Flanelljacken zuschnitt, überkam mich eine große Angst um Vater, und ich dachte daran, wie einsam und hilflos wir wären, wenn ihm etwas zustoßen würde. Das war nicht besonders klug von mir, aber ich sorgte mich immer mehr, bis ein alter Mann eintrat, der ein paar Sachen brauchte. Er setzte sich zu mir, und ich fing ein Gespräch mit ihm an, weil er so arm, müde und besorgt wirkte.

›Haben Sie Söhne in der Armee?‹, fragte ich, denn der Brief, den er dabei hatte, war nicht für mich.

›Ja, Ma'am. Ich hatte vier Söhne, aber zwei sind gefallen, einer ist in Gefangenschaft, und ich fahre jetzt zu dem anderen, der schwer krank in Washington im Krankenhaus liegt‹, erwiderte er mit ruhiger Stimme. ›Sie haben viel für Ihr Land getan, Sir‹, sagte ich, jetzt mit Hochachtung statt Mitleid. ›Keinen Deut mehr, als sich's gehört, Ma'am. Ich würde ja selbst in den Kampf ziehen, wenn ich noch zu was nutze wäre. Da ich's nicht bin, gebe ich mit freien Stücken meine Jungen.‹ Er sprach so gefasst, wirkte so aufrichtig und schien so glücklich darüber, alles zu geben, was er hatte, dass ich mich geschämt habe. Ich hatte an einen einzigen Mann so viele Gedanken verschwendet, während er ohne Groll gleich vier Männer hergegeben hatte. Ich hatte all meine Mädchen zu Hause, um mich zu trösten, und sein letzter Sohn wartete in der Fremde auf ihn, um vielleicht für immer von ihm Abschied zu nehmen! Ich fühlte mich so reich, so glücklich in dem Wissen, wie gesegnet ich war, dass ich ihm ein schönes Bündel schnürte und ihm für das dankte, was ich von ihm gelernt hatte.«

»Erzähl uns noch eine Geschichte, Mutter. Mit einer

Moral, so wie diese. Ich lasse sie mir danach immer gern noch mal durch den Kopf gehen, das heißt, wenn sie echt ist und nicht zu sehr wie eine Predigt klingt«, sagte Jo nach kurzem Schweigen.

Mrs March lächelte und legte sofort los. Sie erzählte diesem kleinen Publikum schon seit langem Geschichten und wusste genau, was ihm gefiel.

»Es waren einmal vier Mädchen, die alle genug zu essen, zu trinken und anzuziehen hatten. Sie hatten ein gutes und leichtes Leben mit Freunden und Eltern, die sie sehr lieb hatten. Dennoch waren sie unzufrieden.« (Hier warfen sich die Zuhörerinnen verstohlene Blicke zu und begannen, angestrengt zu nähen.) »Diese Mädchen wollten unbedingt brav sein und nahmen es sich fest vor, schafften es aber irgendwie nicht so richtig, sich an ihr Vorhaben zu halten und sagten ständig: ›Hätten wir nur dieses‹ oder ›Könnten wir doch nur jenes tun‹. Darüber vergaßen sie, wie viel sie schon besaßen und wie viel schöne Dinge sie schon unternehmen konnten. Also baten sie eine alte Frau um einen Zauberspruch, der sie glücklich machen sollte, und die Frau sagte: ›Wenn ihr unzufrieden seid, denkt darüber nach, wie gut ihr es habt und seid dankbar.‹« (An dieser Stelle schaute Jo abrupt hoch, als wollte sie etwas sagen, besann sich aber, da sie merkte, dass die Geschichte noch nicht zu Ende war.)

»Da es vernünftige Mädchen waren, beschlossen sie, den Rat der Frau zu befolgen, und sie erkannten bald, wie gut es ihnen ging. Eine stellte fest, dass auch Geld nicht half, die Reichen vor Schande und Trauer zu bewahren; eine andere begriff, dass sie zwar arm war, doch mit ihrer Jugend, ihrer Gesundheit und ihrem Optimismus besser dran war als eine gewisse unleidliche, gebrechliche alte Dame, die nicht imstande war, ihren Wohlstand zu genießen; eine dritte erkannte, dass es vielleicht mühsam war, beim Essenmachen zu helfen, aber dass es weitaus anstrengender wäre, dafür betteln gehen zu müssen; und die vierte sah ein, dass selbst Karneol-Ringe nicht so wertvoll waren wie gute Manieren. Also einigten sie sich, weniger zu klagen und stattdessen das zu genießen, womit sie bereits gesegnet waren. Sie wollten sich ihres Glückes würdig erweisen, damit es ihnen nicht genommen würde, sondern sich stattdessen mehrte. Ich glaube, sie waren nie enttäuscht oder traurig darüber, dass sie den Rat der alten Frau angenommen hatten.«

»Also, Marmee, das ist wirklich sehr gewieft von dir, unsere eigenen Geschichten gegen uns zu verwenden und sie in eine Predigt zu packen!«, rief Meg.

»Ich mag diese Art von Predigt. So etwas Ähnliches hat Vater uns auch immer erzählt«, sagte Beth nachdenklich und ordnete Jos Nadelkissen.

»Ich beschwere mich längst nicht so viel wie die anderen, und ich werde achtsamer sein als je zuvor. Susies Niedergang ist mir ein Beispiel gewesen«, sagte Amy rechtschaffen.

»Wir haben diese Lektion gebraucht und werden sie nicht so schnell vergessen. Und wenn doch, sag uns einfach dasselbe wie Tante Chloe aus *Onkel Toms Hütte*: ›Wir wollen an Gottes Gnade denken‹«, fügte Jo hinzu, die der Versuchung nicht widerstehen konnte, sich ein kleines bisschen über die kurze Predigt lustig zu machen, auch wenn sie sich diese genauso zu Herzen nahm wie die anderen.

Die Fußwaschung

Ich danke dir, du stummer Stein,
und neige mich zu dir hernieder:
Ich schulde dir mein Pflanzensein.

Ich danke euch, ihr Grund und Flor,
und bücke mich zu euch hernieder:
Ihr halft zum Tiere mir empor.

Ich danke euch, Stein, Kraut und Tier,
und beuge mich zu euch hernieder:
Ihr halft mir alle drei zu Mir.

Wir danken dir, du Menschenkind,
und lassen fromm uns vor dir nieder:
weil dadurch, dass du bist, wir sind.

Es dankt aus aller Gottheit Ein-
und aller Gottheit Vielfalt wieder.
Im Dank verschlingt sich alles Sein.

Wie dunkle Träume stehen

Wie dunkle Träume stehen
Die Häuser in langer Reih';
Tief eingehüllt im Mantel
Schreite ich schweigend vorbei.

Der Turm der Kathedrale
Verkündet die zwölfte Stund';
Mit ihren Reizen und Küssen
Erwartet mich Liebchen jetzund.

Der Mond ist mein Begleiter,
Er leuchtet mir freundlich vor;
Da bin ich an ihrem Hause,
Und freudig ruf ich empor:

Ich danke dir, alter Vertrauter,
Dass du meinen Weg erhellt;
Jetzt will ich dich entlassen,
Jetzt leuchte der übrigen Welt!

Und findest du einen Verliebten,
Der einsam klagt sein Leid,
So tröst' ihn, wie du mich selber
Getröstet in alter Zeit.

An den Mann im Spiegel

Du bist ein krummer, dummer Hund!
Und hast es doch so gut gehabt,
Bist gar nicht reich und bist gesund,
Auch großenteils nicht unbegabt.

Du altes Schwein im Trüffelbeet,
Weißt du auch stets, wie gut's dir geht?

Du, spring nicht über Schranken,
Die höher, als du selbst bist, sind.
Vergiss nie, täglich wie ein Kind
Für alles tief zu danken.

Memento

Geliebte, willst du doppelt leben,
So sei des Todes gern gedenk
Und nimm, was dir die Götter geben,
Tagtäglich hin wie ein Geschenk.

Mach dich vertraut mit dem Gedanken,
Dass doch das Letzte kommen muss,
Und statt in Trübsinn hinzukranken,
Wird dir das Dasein zum Genuss.

Du magst nicht länger mehr vergeuden
Die Spanne Zeit in eitlem Hass,
Du freust dich reiner deiner Freuden
Und sorgst nicht mehr um dies und das.

Du setzest an die rechte Stelle
Das Hohe, Göttliche der Zeit,
Und jede Stunde wird dir Quelle
Gesteigert neuer Dankbarkeit.

»Dankbarkeit und Liebe sind Geschwister«

Der wohl schönste Anlass, Danke zu sagen

Das Danken ist eine rechte Probe aufs Liebhaben; wo man liebt, dankt man gern.

Helene Gräfin von Waldersee

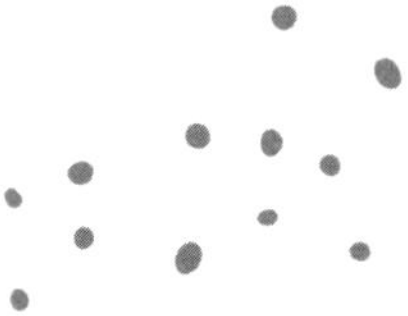

CHRISTIAN MORGENSTERN

Dankbarkeit und Liebe

Dankbarkeit und Liebe sind Geschwister.
Dankbarkeit *ist* Liebe, mild doch stet.
Wer ein Liebender durchs Leben geht,
auch ein Dankender für alles ist er.

Wenn es nur einmal so ganz stille wäre

Wenn es nur einmal so ganz stille wäre.
Wenn das Zufällige und Ungefähre
verstummte und das nachbarliche Lachen,
wenn das Geräusch, das meine Sinne machen,
mich nicht so sehr verhinderte am Wachen –:

Dann könnte ich in einem tausendfachen
Gedanken bis an deinen Rand dich denken
und dich besitzen (nur ein Lächeln lang),
um dich an alles Leben zu verschenken
wie einen Dank.

Danksagung

Die sommerwiese dürrt von arger flamme.
Auf einem uferpfad zertretnen klees
Sah ich mein haupt umwirrt von zähem schlamme
Im fluss trübrot von ferner donner grimm.
Nach irren nächten sind die morgen schlimm:
Die teuren gärten wurden dumpfe pferche
Mit bäumen voll unzeitig giftigen schnees
Und hoffnungslosen tones stieg die lerche.

Da trittst du durch das land mit leichten sohlen
Und es wird hell von farben die du maltest.
Du lehrst vom frohen zweig die früchte holen
Und jagst den schatten der im dunkel kreucht..
Wer wüsste je – du und dein still geleucht –
Bänd ich zum danke dir nicht diese krone:
Dass du mir tage mehr als sonne strahltest
Und abende als jede sternenzone.

Zueignung

Ja, du weißt es, teure Seele,
Dass ich fern von dir mich quäle,
Liebe macht die Herzen krank,
Habe Dank.

Einst hielt ich, der Freiheit Zecher,
Hoch den Amethysten-Becher,
Und du segnetest den Trank,
Habe Dank.

Und beschworst darin die Bösen,
Bis ich, was ich nie gewesen,
heilig, heilig ans Herz dir sank,
Habe Dank.

Danksagung an den Bach

War es also gemeint,
Mein rauschender Freund,
Dein Singen, dein Klingen,
War es also gemeint?

Zur Müllerin hin!
So lautet der Sinn.
Gelt, hab ich's verstanden?
Zur Müllerin hin!

Hat *sie* dich geschickt?
Oder hast mich berückt?
Das möcht ich noch wissen,
Ob *sie* dich geschickt.

Nun wie's auch mag sein,
Ich gebe mich drein:
Was ich such, ist gefunden,
Wie's immer mag sein.

Nach Arbeit ich frug,
Nun hab ich genug
Für die Hände, fürs Herze
Vollauf genug!

»Eine Tat echter Herzensgüte«

Kleiner Dank für die Hilfe, Unterstützung und Freundschaft

Was du mit Gelde nicht bezahlen kannst, bezahle wenigstens mit Dank.

Deutsches Sprichwort

Mutterns Hände

Hast uns Stulln jeschnitten
un Kaffe jekocht
un de Töppe rübajeschohm –
un jewischt und jenäht
un jemacht und jedreht …
alles mit deine Hände.

Hast de Milch zujedeckt,
uns Bobongs zujesteckt
un Zeitungen ausjetragen –
hast die Hemden jezählt
und Kartoffeln jeschält …
alles mit deine Hände.

Hast uns manches Mal
bei jroßen Schkandal
auch 'n Katzenkopp jejeben.
Hast uns hochjebracht.
Wir wahn Sticker acht,
sechse sind noch am Leben …
Alles mit deine Hände.

Heiß warn se un kalt.
Nu sind se alt.
Nu bist du bald am Ende.
Da stehn wa nu hier,
und denn komm wir bei dir
und streicheln deine Hände.

Ich lege meinen Kopf in Deinen Schoß, aus welchem ich hervorgegangen bin, und danke Dir für mein Leben. Dein Kind.

Paula Modersohn-Becker an ihre Mutter

Wo kann man besser sein,
Als in der Eltern Armen?

Jean-François Marmontel

Herzgeliebte Eltern!

Eltern, die ich zärtlich ehre,
Mein Herz ist heut voll Dankbarkeit!
Der treue Gott dies Jahr vermehre,
Was Sie erquickt zu jeder Zeit!
Der Herr, die Quelle aller Freude,
Verbleibe stets Ihr Trost und Teil;
Sein Wort sei Ihres Herzens Weide
Und Jesus Ihr erwünschtes Heil.
Ich dank vor alle Liebes Proben:
Vor alle Sorgfalt und Geduld,
Mein Herz soll alle Güte loben,
Und trösten sich stets Ihrer Huld.
Gehorsam, Fleiß und zarte Liebe
Verspreche ich auf dieses Jahr.
Der Herr schenk mir nur gute Triebe,
Und mache all mein Wünschen wahr. Amen

Meiner lieben Schwiegertochter Alma

Zeitungbringerin,
Fliegenwedelschwingerin,
Fehllose Jägerin,
Treffliche Totschlägerin,
Liebe Beleberin,
Kleinmutes Heberin,
Sorgenabwenderin,
Trostredespenderin,
Leidens Abfragerin,
Besserungswahrsagerin,
Leisanschweberin,
Arzeneigeberin,
Stundenmahnerin,
Zeitvertreibsanbahnerin,
Temperaturspürerin,
Feuernachschürerin,
Witterungkünderin,
Lampendochtanzünderin,
Morgenbegrüßerin,
Abendrastversüßerin,
Nachtvorleserin,
Bücheramtsverweserin,
Allzeitunterhalterin,
Gesprächstoffsentfalterin,

Wunschablauscherin,
Dienstrollentauscherin,
Allesbeschickerin,
Allüberblickerin,
Allesbestreiterin,
Krankenkostbereiterin,
Festgabebedenkerin,
Weihnachtsentenschenkerin,
Engelverwenderin,
Enkelzuspruchsenderin,
Ordnerin, Schmückerin,
Kopfkissenrückerin,
Pfeifenkopfstopferin,
Flaschenpfropfentpfropferin,
Schlummerbecherfüllerin,
Kalter Knie Umhüllerin,
Nachtruhanwünscherin,
Wenn ich wachensmatt bin,
Heimlich schwach schachmatt bin,
Treue Mitträgerin,
Mitpflegerin
Neben deiner Schwägerin,
Schwiegerkind, Söhnerin,
Versöhnerin, Beschönerin,
Unbelohnt Taglöhnerin,
Allzeitfrohe Frönerin,
Liebliche Verwöhnerin:
Nimm dies Liebeszeichen hin,
Wie ich dir dankbar bin.

An die Mutter

Doch nun zu Dir, einzige Mutter. Ich bin mit meinen Gedanken so oft bei Dir. Ich lerne Dich mehr und mehr verstehen. Ich ahne Dich. Wenn meine Gedanken bei Dir sind, dann ist es, als ob mein kleiner unruhiger Mensch sich an etwas Festem, Unerschütterlichem festhält. Das Schönste aber ist, dass dieses Feste, Unerschütterliche so ein großes Herz hat. Lass dir danken, liebe Mutter, dass Du Dich so uns erhalten hast. Lass Dich ganz ruhig und lange umarmen …

Vom glückseligen Leben

Nichts jedoch erquickt den Geist so sehr wie treue innige Freundschaft. Welch ein Schatz ist ein Herz, dem man sicher jedes Geheimnis anvertrauen kann, dessen Mitwissen du weniger fürchten musst als dein eigenes, dessen Wort deinen Kummer lindert, dessen Rat deine Pläne fördert, dessen Heiterkeit deine Traurigkeit verscheucht, dessen Anblick schon dich aufheitert.

Entziehe mir nicht Deiner Freundschaft Süße!

Seufzend suche ich nun auf der Erde ein Restchen Trost. Ich finde ihn nur noch in Dir, meine liebenswürdige Freundin; beraube, ich beschwöre Dich, beraube mich nicht einer so angenehmen Zuflucht; entziehe mir nicht Deiner Freundschaft Süße!

Die Freundschaft tanzt rings um den Erdkreis, ja sie heißt uns alle aufwachen zur Seligpreisung.

Epikur

Das schönste Freundschaftsverhältnis: – wenn jeder von beiden es sich zur Ehre rechnet, der Freund des andern zu sein.

Marie von Ebner-Eschenbach

EUGEN ROTH

Später Dank

Wenn ich gegen Ende meines Lebens nach dem Tiefpunkt forsche, dann ists nicht der blutige Tag von Ypern, nicht die Nacht des vernichtenden Bombenangriffs, sondern die Stunde des Jahres 1913, in der ich, Schüler der achten Klasse des Münchner Wittelsbacher Gymnasiums, den soeben ausgeteilten Text der Mathematikschulaufgabe überflog und schaudernd begriff, daß ich gerichtet war. Ich war im Griechischen miserabel, im Lateinischen nicht gut und im Französischen nicht viel besser; aber da bestand noch Hoffnung. Diese vorletzte Prüfung in Algebra und in Geometrie war jedoch die Entscheidungsschlacht schlechthin; und sie mußte für verloren gelten, noch ehe sie begonnen hatte.

In Fremdsprachen mag einer herumstopseln und sich den verzweifelten Glauben bewahren, es doch noch leidlich getroffen zu haben; erst hinterher, wenn er zitternd seine Erkundigungen einzieht, dämmerts ihm, daß er oft und oft danebengeschossen hat. In der Mathematik aber steigt das lähmende Entsetzen unverhüllt empor wie der Geist aus der Flasche. Eine Wand steht da, abweisend, unersteigbar.

Und wenn der Mensch wirklich den verzweifelten Mut faßt, sie anzugehen – wie bald hat er sich verstiegen: die Zahlenreihen werden immer länger statt kürzer, unglaubwürdige Ungeheuer von Gleichungen winden sich aus der Tiefe empor, Wurzeln wirren sich zum Wahnsinn; und wenn der Erschöpfte, fiebernd rechnend, gerade glaubt, einen Weg aus dem Wirrsal gefunden zu haben, sieht er den gähnenden Abgrund unter sich, und er weiß nur eins: daß er zurückmuß, von vorne anfangen, während die kostbaren Minuten dahineilen, unwiederbringlich.

In solcher Verzweiflung war ich, als von meinem linken Vordermann Hilfe kam: wunderbar, wie rasch auf seinem Blatte die Zahlen einschmolzen zu herrlichen, Vertrauen erweckenden, immer schlanker werdenden Gebilden: errötend folgte ich ihren Spuren, ohne zu denken, wagte ich das Bedenkliche, ich schrieb ab, gewiß, aber ich schrieb, ich schrieb, bis auch auf meinem Papier die stolze Lösung stand: $x = 5$. Die Zeit war um, zwei Aufgaben waren in den Ansätzen steckengeblieben, aber die dritte war gelöst, zu einem »Genügend« konnte es reichen, das Jahr war gerettet, an diesem Jahr aber hing mein Leben; damals, 1913, war ich verzweifelt entschlossen, aus mehr Gründen als dem der Versetzung alles hinzuwerfen.

Der Tag, die Stunde kam, in der die Schulaufgabe herausgegeben wurde. Der Lehrer, als Stellvertreter des Rektors nach alter Sitte »Konschuß« genannt, betrat mit verschlossener Miene das Klaßzimmer. Er war ein knochentrockner, im Dienst ergrauter Mann ohne Herz und Humor, wie mir damals schien.

Unbewegt, mit seinem schnarrenden Baß, hub er zu reden an: es habe sich, sagte er, bei dieser Schulaufgabe eine Merkwürdigkeit ereignet, wie sie ihm in seiner ganzen Laufbahn noch nicht untergekommen sei. Zwei Schüler, der beste und der schlechteste, hätten die schwere Aufgabe einwandfrei gelöst, aber beide hätten zum Schluß sich in erstaunlicher Weise verrechnet: a–b, also 11–7, sei nicht 5, sondern 4. Er sei jedoch erstens kein Jurist, und zweitens wollte er auch als solcher niemanden nach Indizien zum Tode verurteilen. Bei der nächsten Schulaufgabe werde er aber den Roth in die letzte Bank setzen.

Ich bekam einen Dreier und war gerettet. Es war eine Tat echter Herzensgüte dieses alten Schulmanns. Friede seiner Asche!

»Wer Dir Gutes getan hat, den ehre«

Danke sagen und sich erkenntlich zeigen

Dankbar sein
Bricht kein Bein.

Deutsches Sprichwort

Von der Pflicht der Dankbarkeit

Dankbarkeit ist die *Verehrung* einer Person wegen einer uns erwiesenen Wohltat. Das Gefühl, was mit dieser Beurteilung verbunden ist, ist das der Achtung gegen den (ihn verpflichtenden) Wohltäter, da hingegen dieser gegen den Empfänger nur als im Verhältnis der Liebe betrachtet wird.

Über die Verhältnisse unter Wohltätern und denen, welche Wohltaten empfangen

1.

Die Dankbarkeit ist eine der heiligsten Tugenden; wer Dir Gutes getan hat, den ehre! Danke ihm nicht nur mit Worten, die ihm die Wärme Deiner Erkenntlichkeit zeigen, sondern suche auch jede Gelegenheit auf, wo Du ihm wieder dienen und nützlich werden kannst. Fehlt Dir aber dazu die Veranlassung, so entfalte ihm wenigstens durch ein unterscheidend liebreiches äußeres Betragen Dein dankbares Herz. Miss dies Betragen nicht pünktlich nach der Größe der Wohltat ab, die Du empfangen, sondern nach dem Grade des guten Willens, den Dein Wohltäter Dir gezeigt hat. Höre auch dann nicht auf, dankbar gegen ihn zu sein, wenn Du seiner nicht mehr bedarfst oder wenn Unglücksfälle ihn von seiner Höhe herabgestürzt, ihn seines äußern Glanzes beraubt haben.

2.

Nie aber lasse Dich zu niederträchtiger Schmeichelei herab, um entweder Wohltaten zu erschleichen oder für den empfangenen Schutz auf unedle Weise Dich zum Sklaven eines schlechten Mannes zu machen. Wo Pflicht und Rechtschaffenheit es fordern, da müsse Dein Mund nie zum Unrechte schweigen und keine Art von Bestechung die Stimme der Wahrheit zum Schweigen bringen. Du bezahlst reichlich die Wohltat, wenn Du dafür die Pflichten eines echten Freundes erfüllst und, selbst mit Gefahr, den Schutz zu verlieren und für undankbar gehalten zu werden, dem Wohltäter sagst, was ihm nötig und heilsam ist zu hören. Ebenso wenig leide, dass jemand sich's zum Verdienste anrechne, dass er Dich bis jetzt hochgeschätzt, Dich bei andern gelobt und verteidigt hat. Warst Du dessen würdig, so erfüllte er eine Pflicht, die man auch seinen Feinden nicht versagen darf; wo nicht, so hat er nicht gehandelt, wie ein gerechter und verständiger Mann selbst in Rücksicht seiner Freunde handeln soll.

3.

Es ist eine unangenehme Lage, wenn wir jemand, dem wir viel Verbindlichkeit schuldig sind, nachher von einer schlechten Seite kennen lernen. Diesem weicht man nun freilich aus, wenn man das befolgt, was ich schon einmal gesagt habe, nämlich, dass man so wenig als möglich Wohltaten annehmen solle. Allein nicht immer lässt sich das ändern, und wenn wir denn wirklich in die Verlegenheit kommen, einem schlechten Menschen auf diese Art verpflichtet zu werden, so rate ich an, ihn wenigstens mit so viel Schonung zu behandeln, als mit Redlichkeit und weiser Wahrheitsliebe bestehn kann, und zu schweigen über ihn; doch nur insofern Schweigen nicht Verbrechen ist – denn in diesem letztern Falle muss alle Rücksicht aufhören. So wie aber unter den Menschen, welche Wohltaten erzeigen, so ist auch ein Unterschied unter den Wohltaten selbst. Es gibt unbedeutende Gefälligkeiten, die man ohne Furcht auch von den schlechtesten Leuten annehmen kann. Es ist dann ihre Schuld, wenn sie dieselben höher anrechnen, als was sie wert sind. In andern wichtigern Fällen hingegen rate ich, besonders wenn man nicht vorausweiß, ob man je imstande sein wird, das Gute zu erwidern, lieber nicht anzunehmen.

4.

Die Art, wie man Wohltaten erzeigt, ist oft mehr wert als die Handlung selbst. Man kann durch dieselbe den Preis jeder Gabe erhöhn, sowie von der andern Seite ihr alles Verdienst rauben. Wenig Menschen verstehen diese Kunst; es ist aber wichtig, sie zu studieren; auf edle Weise Gutes zu tun; die Delikatesse dessen zu schonen, dem wir es erzeigen; keine schwere Last von Verbindlichkeit aufzulegen; erwiesene Wohltaten weder auf feine, noch auf grobe Art vorzuwerfen; dem beschämenden Danke auszuweichen; nicht Dank zu erbetteln und dennoch dem dankbaren Herzen nicht die Gelegenheit zu rauben, sich seiner Pflicht zu entledigen. Der gibt doppelt, der gleich zu rechter Zeit, ungebeten und mit Freuden gibt. Gib gern! Es ist seliger Genuss, es ist Wohltat, geben, zur Freude andrer etwas beitragen zu dürfen. Gib also gern, aber verschwende nicht Deine Wohltaten. Sei dienstfertig, bereitwillig; aber dränge niemand Deine Dienste auf. Kalkuliere nicht, ob es erkannt und belohnt werden wird. Brauche doppelte Schonung im Umgange mit denen, welchen Du Gutes erwiesen, aus Furcht, sie möchten argwöhnen, Du wolltest Dich für Deine Mühe bezahlt machen, sie Dein Übergewicht fühlen lassen, Dir größere Freiheit gegen sie erlauben, weil sie aus Dankbarkeit schweigen müssen. Weise nicht die Bittenden von Deiner Tür zurück. Wenn Dich jemand um Rat, Hilfe, Wohltat anspricht, so höre ihm freundlich, teilnehmend und aufmerksam zu. Lass ihn ausreden, Dir seine Sache deutlich vorstellen, ohne ihm in die Rede zu fallen. Und kannst Du ihm nicht willfahren, so sage gradeheraus, ohne beleidigende Ausdrücke den Grund, warum Du es nicht kannst. Enthalte Dich aller falschen Ausflüchte, aller leeren Vertröstungen.

Dankbarkeit gefällt,
Undank hasst die ganze Welt.

Deutsches Sprichwort

Nicht erwarteter Dank macht verlegen; man schämt sich im Innern, die Person verkannt zu haben.

Wilhelm Vogel

Androklus und der Löwe

Von einer gegenseitigen Wiedererkennungsszene zwischen einem Menschen und einem Löwen in Folge einer alten Bekanntschaft miteinander war der gelehrte Apion, mit dem Beinamen Plistonices, wie er schreibt, selbst zu Rom Augenzeuge.

[…] »Einst wurde«, so erzählt er, »im Cirkus Maximus das Kampfspiel einer höchst glänzenden, zu jener Zeit sehr gewöhnlichen Tierhetze zur Belustigung des Volkes veranstaltet. Da ich mich zufälligerweise gerade zu Rom befand, wurde ich Zuschauer (dieser grausamen Art von Wettkämpfen). Es waren daselbst viele wilde Tiere, ganz außerordentliche Riesenexemplare (herbeigeschafft worden), und alle ausgezeichnet entweder durch ihre ungewöhnliche Gestalt, oder durch ihre Wildheit. Allein von allen erregte besonders die wilde Wut der Löwen Erstaunen und Bewunderung und unter diesen allen (besonders) wieder ein (gewaltiger) Löwe. Einzig in seiner Art, zog dieser durch seine Leibesstärke, durch seine (furchtbare) Größe, durch sein entsetzliches, durchdringendes Gebrüll, durch seinen Muskelbau, durch seine über den Nacken herabwallenden Mähnen die Aufmerksamkeit und die Blicke aller auf sich.

Unter vielen anderen Unglücklichen wurde auch ein Sklave, das Geschenk eines gewesenen Konsuls, zum Zweck des Kampfes mit diesen wilden Tieren verdammt, vorgeführt. Der Name dieses Sklaven war Androklus. Sobald der Löwe diesen von ferne erblickte, blieb er plötzlich, gleichsam voller Verwunderung stehen, dann näherte er sich langsam und bedächtig diesem Menschen, (als wolle er ihn gern erkennen, d. h.) als wolle er sich genau überzeugen, ob er auch recht sehe. Dann wedelt er nach Gewohnheit und Art schmeichelnder Hunde freundlich, liebkosend und schöntuend mit dem Schweife, schmiegt sich an des Menschen Seite an und leckt sanft mit der Zunge dem beinah schon vor Furcht Entseelten Hände und Beine. Unter diesen Liebkosungen von Seiten des wilden Tieres gewinnt dieser Androklus seine (fast) verlorene Besinnung wieder, wendet seine Blicke allmählich auf den Löwen, um sich ihn genauer zu betrachten.

Nun aber, fuhr er fort, hättest du, gleichsam nach wechselseitig erfolgter Wiedererkennung, sie beide sehen sollen, den Menschen und den Löwen, wie sie erfreut waren und in Glückwünschen sich ergingen (d. h. diese Freude sich gegenseitig auszudrücken eifrig bemüht waren). Über diesen höchst wunderbaren Vorfall erhebt sich in der Volksmenge ein gewaltiges Geschrei, wie er weiter sagt, und nun ruft der Kaiser diesen Androklus zu sich heran und erkundigt sich bei ihm selbst nach der Ursache, woher es komme, dass dieser höchst wilde, grimmige Löwe ihn allein verschont habe. Darauf erzählt Androklus folgende außerordentlich seltsame und wunderbare Geschichte.

›Als mein Herr‹, sagte er, ›die Provinz Afrika als Prokonsul verwaltete, da sah ich mich durch die harten Schläge, welche ich täglich und (noch dazu) ungerechterweise zu erdulden hatte, endlich zur Flucht genötigt und um einen Schlupfwinkel zu finden, wo ich vor meinem Herrn, dem Befehlshaber des Landes, desto sicherer wäre, entwich ich in die weit ausgedehnten Sandwüsteneien und war fest entschlossen, wenn es mir an Unterhalt fehlen sollte, auf die eine oder andere Art meinem (elenden) Dasein ein Ende zu machen. Hierauf traf ich‹, sagte er, ›eines Mittags, als die Sonne brennend heiß schien, eine entlegene und zu einem Verstecke sich vortrefflich eignende (schattige) Höhle an; in diese begab ich mich und verbarg mich daselbst. Nicht lange nachher kommt dieser Löwe hier zu derselbigen Höhle, an einem Fuße hinkend und blutend und ließ bei seinem Eintritt ein jammervolles Ächzen und Brummen vernehmen, wodurch er den Schmerz und die Qual von einer Wunde kläglich zu erkennen gab.‹

Da sei er nun, wie er versicherte, ›natürlicherweise beim Anblick dieses herannahenden (auf ihn zukommenden) Löwen gewaltig erschrocken und habe für sein Leben gebangt. Als nun dieser Löwe in diesen, wie es mir völlig klar wurde, seinen Aufenthaltsort eingetreten war und mich in der Ferne in meinem Verstecke gewahr wurde, näherte er sich mir ganz sanft und zahm und schien mir seinen aufgehobenen Fuß zu zeigen und hinzuhalten, gleich als ob er mich um Hülfe bitten wollte. Darauf zog ich ihm nun einen großen Holzsplitter, der ihm in der Fußsohle steckte, heraus, drücke den im Innersten der Wunde angesammelten Eiter aus, trocknete, nun schon ohne große Angst, ganz und gar sorgfältig (die Schramme) aus und wischte endlich das geronnene Blut ab. Wie der Löwe nun durch diesen meinen ärztlichen Beistand Linderung verspürte, ließ er seinen Fuß in meinen Händen liegen, lagerte sich neben mich und schlief sanft ein.

Von jenem Tage an lebte ich mit dem Löwen drei Jahre lang in derselben Höhle und von einerlei Kost. Denn von allen den Tieren, welche er auf der Jagd erbeutet, brachte er mir stets die fetteren und besseren Stücke nach der Höhle, welche ich dann, da ich kein Feuer haben konnte, mir an der Mittagssonne briet und dann verzehrte. Allein als mir endlich dieses wilde Leben zuwider wurde, verließ ich, als der Löwe einmal auf die Jagd ausgegangen war, die Höhle und als ich ohngefähr einen Weg von fast drei Tagen zurückgelegt hatte (und allerwärts herumgestreift war), wurde ich von Soldaten erblickt, ergriffen und aus Afrika zu meinem Herrn nach Rom gebracht. Dieser ließ mich sogleich zum Tode verurteilen und zwar so, dass ich den wilden Tieren vorgeworfen werden sollte.

Jetzt fange ich nun aber an zu merken, dass auch dieser Löwe, nach meiner Entfernung von ihm, in Gefangenschaft muss geraten sein und nun auch jetzt noch sich mir für meine (einstige) ärztliche Hülfe und Pflege dankbar beweist.‹«

Dies Erlebnis soll, nach Apions Überlieferung Androklus selbst erzählt haben, dann aber soll es aufgezeichnet, in Umlauf gebracht und auf einer Tafel dem Volke deutlich erklärt worden sein, und soll Androklus sodann deshalb auf allgemeines Bitten freigelassen und von der Strafe losgesprochen worden und ihm außerdem nach des Volkes Wunsch der Löwe geschenkt worden sein.

»Hierauf sahen wir«, erzählt Apion weiter, »den Androklus mit seinem Löwen, an einem dünnen Riemen befestigt, auf allen Straßen der Stadt durch die Budenreihen gehen; ferner überall, wohin er kam, sahen wir, dass Androklus mit Geld beschenkt, sein Löwe aber mit Blumen bestreut wurde, und alle, die ihnen begegneten, riefen unwillkürlich: Dies ist der Löwe, der sich als Gastfreund dieses Menschen und dies der Mensch, der sich als Arzt dieses Löwen bewies.«

Vornehmheit und Dankbarkeit

Vornehmheit und Dankbarkeit. – Eine vornehme Seele wird sich gern zur Dankbarkeit verpflichtet fühlen und den Gelegenheiten, bei denen sie sich verpflichtet, nicht ängstlich aus dem Wege gehen; ebenso wird sie nachher gelassen in den Äußerungen der Dankbarkeit sein [...].

Die dankbaren Tiere

Es reiste einst ein Pilger über Land, der kam auf seinem Wege durch den Wald an eine Wolfsgrube, und nahm wahr, dass etwas Lebendiges darin sei. Und wie er hinunterblickte, so sah er darin einen Menschen, der war ein Goldschmied, und bei ihm war ein Affe, eine Schlange und eine Ringelnatter; die waren alle drei unversehens in die Grube gefallen. Da gedachte der Pilger bei sich: Übe Barmherzigkeit mit den Elenden, und hilf den Menschen von seinen Feinden. Da warf er ein Seil in die Grube, und hielt das eine Ende fest in der Hand, willens, den Goldschmied heraufzuziehen, schnell sprang aber der Affe zu, kletterte herauf und sprang aus der Grube. Zum andern Mal warf der Waller das Seil hinab, da ringelte sich die Natter daran empor. Und zum dritten Mal erfasste die Schlange das Seil, und kam auch zu Tage. Diese drei Tiere dankten dem Waller für seine Güte, und sprachen zu ihm: »Was du uns Gutes getan, das wollen wir dir wieder zu vergelten suchen, und wann dich dein Weg in unsre Nähe trägt, so magst du auf uns rechnen, dass wir nach Kräften dir zu Diensten sind; sei aber treulich gewarnt vor dem Menschen da drunten, denn nichts was da lebt, ist so undankbar wie er. Dieses haben wir erfahren und sagen es dir an, dass du wissest, dich zu verhalten!«

Damit schieden die drei Tiere von dem Pilger, dieser aber gedachte an seine Pflicht, dass dem Menschen zieme dem Menschen zu helfen, und warf das Seil wiederum in die Grube, und zog den Goldschmied heraus. Dieser bedankte sich mit vielen Worten für die Gnade und Barmherzigkeit, die der Pilger an ihm getan, und bat, ihn ja in der Königsresidenz, wo er wohne, zu besuchen, und verließ ihn.

Auf seinem Weiterwege kam der Waller in die Nähe der Residenz und an den Ort, wo der Affe, die Natter und die Schlange wohnten. Die freuten sich, und der Affe brachte dem Waller, der sehr ermattet war, Obst und süße Feigen, die Natter zeigte ihm eine kühle, angenehme Grotte, wo er ruhen und rasten konnte, und legte sich davor, und bewachte seinen Schlaf, denn niemand wagte sich dorthin, wo die große Natter lag. Die Schlange aber schlüpfte in die Königsburg und stahl dort einige güldne Kleinode, die gab sie dem Waller zur Verehrung, sagte ihm aber nicht, woher sie dieselben hatte. Als dieser von den Tieren aufbrach, ging er in die Königsstadt und suchte den Goldschmied auf; dem zeigte er die Kleinode und bot sie ihm zum Kauf an. Der Goldschmied sahe, dass sie des Königs Eigentum waren, schwieg still, ging zum König und zeigte an, dass er den Dieb dieser Kleinode in seinem Hause gefangen habe. Dafür empfing er eine stattliche Belohnung, und der König sandte seine Häscher, die fingen den Waller, schlugen ihn, führten ihn durch die Straßen und hinaus zum Galgen, um ihn zu henken. Da gedachte der Mann auf dem Wege an die Warnung der Tiere und seufzte laut: »O hätte ich euern Rat befolgt, ihr getreuen Tiere, so wäre diese Trübsal mir nicht beschieden worden!«

Nun hatte die Schlange just ihre Wohnung an dem Weg, der zum Hochgericht führte, und hörte die Klagerede des unschuldigen Mannes, an dessen Unglück sie mit schuld war, und betrübte sich und dachte darauf, wie sie ihm helfe. Da nun der Königssohn, ein junger Knabe, auch des Wegs geführt ward, damit er des Diebes Strafe zusehe, kroch sie hin und biss ihn in das Bein, dass es alsbald aufschwoll. Da blieb alles Volk erschrocken stehen, und man sandte eiligst nach Ärzten und nach Astrologen, wo möglich zu helfen. Die Ärzte brachten Theriak herbei, eine Arznei, die gepriesen war gegen den Schlangenbiss, er half jedoch nichts. Die Astrologen aber lasen in den Sternen, dass der zum Tode geführte Waller unschuldig war, und der Königsknabe rief selbst mit heller Stimme: »Bringt mir den Pilger her, dass dieser seine Hand auf meine Wunde und meine Geschwulst lege, so werde ich heil sein!«

Da wurde der Pilger vor den König geführt, der fragte nach seinen Schicksalen, und der Pilger erzählte dem König alles treulich, von den guten dankbaren Tieren und des Goldschmieds, den er vom Tod errettet, schändlichem Undank. Und dann hob er Hände

96 und Augen zum Himmel und flehte: »O allmächtiger Gott, so wahr es ist, dass ich unschuldig bin an dem Diebstahl, so wahr wird deine Hand diesen Menschen heilen!« – Und da wurde von Stund an der Königssohn gesund. Als das der König sah, ward sein Herz froh und freudevoll, und er ehrte den Pilger mit köstlichen Gaben, ließ ihm auch alle Kleinode, um derentwillen der Pilger Todesangst ausgestanden hatte, und ließ zur Stelle den Goldschmied henken, zur Strafe seines großen und schwarzen Undanks.

Weisheit des Brahmanen

Musst du verpflichtet sein, so sei's dem Ehrenmann;
Denn schwer ist danken dem, den man nicht ehren
kann.

*

Aus Eigennutz entspringt die Dankbarkeit der
meisten,
Für einen Dienst, den wir geleistet oder leisten.

Doch ist die Dankbarkeit auch so der schönste Lohn,
Den selbst man soll mit Dank annehmen, nicht mit
Hohn.

Sei dankbar, dass den Dank der Eigennutz dir bringt,
Dass aus so schlechtem Grund so edler Trieb
entspringt.

*

Die Dankbarkeit ergeht nicht in des Handelns
Schranken,
Die Dankbarkeit besteht, das Wort sagt's, im
Gedanken.

98 Mein Denken dankt, es ist mein Dank euch zugedacht,
Wenn auch ihn weder Wort noch Werk bemerklich macht.

Undankbar wär' ich sonst in einem wicht'gen Falle;
Denn wem am meisten Dank ich schulde, tot sind alle.

Mit Worten kann ich mich bei ihnen nicht bedanken,
Doch sie begnügen sich mit dankenden Gedanken.

Es kam ein Lump mir in die Quer

Es kam ein Lump mir in die Quer
Und hielt den alten Felbel her.
Obschon er noch gesund und stark,
Warf ich ihm dennoch eine Mark
Recht freundlich in den Hut hinein.

Der Kerl schien Philosoph zu sein.
Er sprach mit ernstem Bocksgesicht:
Mein Herr, Sie sehn, ich danke nicht.
Das Danken bin ich nicht gewohnt.
Ich nehme an, Sie sind gescheit
Und fühlen sich genug belohnt
Durch Ihre Eitelkeit.

»Bindfaden, an den ich denke«

Kleine Momente der Dankbarkeit

Willst du dich nicht lieber für das bedanken, was du bekommen hast? Hab ein wenig Geduld, bis du auch noch den Rest bekommst, und sei froh, dass du nicht schon alles hast!

Seneca

Dankbarkeit

In der Seeschlacht von Trafalgar, während die Kugeln sausten und die Mastbäume krachten, fand ein Matrose noch Zeit, zu kratzen, wo es ihn biss, nämlich auf dem Kopf. Auf einmal streifte er mit zusammengelegtem Daumen und Zeigefinger bedächtig an einem Haare herab und ließ ein armes Tierlein, das er zum Gefangenen gemacht hatte, auf den Boden fallen. Aber indem er sich niederbückte, um ihm den Garaus zu machen, flog eine feindliche Kanonenkugel ihm über den Rücken weg, paff, in das benachbarte Schiff. Da ergriff den Matrosen ein dankbares Gefühl, und überzeugt, dass er von dieser Kugel wäre zerschmettert worden, wenn er sich nicht nach dem Tierlein gebückt hätte, hob er es schonend von dem Boden auf und setzte es wieder auf den Kopf. »Weil du mir das Leben gerettet hast«, sagte er; »aber lass dich nicht zum zweiten Mal attrappieren, denn ich kenne dich nimmer.«

Jenem Stück Bindfaden

Bindfaden, an den ich denke,
Kurz warst du, und lang ist's her.

Ohne dich wäre das so schwer
Und so hoffnungslos gewesen.

Auf der Straße von mir aufgelesen,
Halfst du mir,
Mir und meiner Frau. – Wir danken dir,
Ich und meine Frau.

Bindfaden, du dünne Kleinigkeit
Wurdest mir zum Tau. –
Damals war Hungerszeit;
Und ich hätte ohne dich in jener Nacht
Den Kartoffelsack nicht heimgebracht.

Die Vögel warten im Winter vor dem Fenster

Ich bin der Sperling.
Kinder, ich bin am Ende.
Und ich rief euch immer im vergangnen Jahr
Wenn der Rabe wieder im Salatbeet war.
Bitt um eine kleine Spende.
Sperling, komm nach vorn.
Sperling, hier ist dein Korn.
Und besten Dank für die Arbeit!

Ich bin der Buntspecht.
Kinder, ich bin am Ende.
Und ich hämmere die ganze Sommerzeit
All das Ungeziefer schaffe ich beiseit.
Bitt um eine kleine Spende.
Buntspecht, komm nach vorn.
Buntspecht, hier ist dein Korn.
Und besten Dank für die Arbeit!

Ich bin die Amsel.
Kinder, ich bin am Ende.
Und ich war es, die den ganzen Sommer lang
Früh im Dämmergrau in Nachbars Garten sang.
Bitt um eine kleine Spende.
Amsel, komm nach vorn.
Amsel, hier ist dein Korn.
Und besten Dank für die Arbeit!

Ja das Buch verdient unsern Dank, das nur einen einzigen Tag den Schmerz zerstreut.

Germaine de Staël

Jeder Frühlings-Sonnentag schließt nur für ein paar Menschen, die imstande sind, ihn zu genießen, unter Millionen, die nicht dazu imstande sind, das Glück der Erde und also den Himmel auf.

Wilhelm Raabe

AUGUST HEINRICH HOFFMANN VON FALLERSLEBEN

Hab Dank, du lieber Wind!

Ich bin in den Garten gegangen
Und mag nicht wieder hinaus.
Die goldigen Äpfel prangen
Mit ihren roten Wangen
Und laden ein zum Schmaus.

Wie ist es anzufangen?
Sie sind mir zu hoch und fern.
Ich sehe sie hangen und prangen
Und kann sie nicht erlangen
Und hätte doch einen gern!

Da kommt der Wind aus dem Westen
Und schüttelt den Baum geschwind
Und weht herab von den Ästen
Den allerschönsten und besten –
Hab Dank, du lieber Wind!

SIEGFRIED LENZ
Die Nacht im Hotel

Der Nachtportier strich mit seinen abgebissenen Fingerkuppen über eine Kladde, hob bedauernd die Schultern und drehte seinen Körper zur linken Seite, wobei sich der Stoff seiner Uniform gefährlich unter dem Arm spannte.

»Das ist die einzige Möglichkeit«, sagte er. »Zu so später Stunde werden Sie nirgendwo ein Einzelzimmer bekommen. Es steht Ihnen natürlich frei, in anderen Hotels nachzufragen. Aber ich kann Ihnen schon jetzt sagen, daß wir, wenn Sie ergebnislos zurückkommen, nicht mehr in der Lage sein werden, Ihnen zu dienen. Denn das freie Bett in dem Doppelzimmer, das Sie – ich weiß nicht aus welchen Gründen – nicht nehmen wollen, wird dann auch einen Müden gefunden haben.«

»Gut«, sagte Schwamm, »ich werde das Bett nehmen. Nur, wie Sie vielleicht verstehen werden, möchte ich wissen, mit wem ich das Zimmer zu teilen habe; nicht aus Vorsicht, gewiß nicht, denn ich habe nichts zu fürchten. Ist mein Partner – Leute, mit denen man eine Nacht verbringt, könnte man doch fast Partner nennen – schon da?«

»Ja, er ist da und schläft.«

»Er schläft«, wiederholte Schwamm, ließ sich die

 Anmeldeformulare geben, füllte sie aus und reichte sie dem Nachtportier zurück; dann ging er hinauf.

Unwillkürlich verlangsamte Schwamm, als er die Zimmertür mit der ihm genannten Zahl erblickte, seine Schritte, hielt den Atem an, in der Hoffnung, Geräusche, die der Fremde verursachen könnte, zu hören, und beugte sich dann zum Schlüsselloch hinab. Das Zimmer war dunkel. In diesem Augenblick hörte er jemanden die Treppe heraufkommen, und jetzt mußte er handeln. Er konnte fortgehen, selbstverständlich, und so tun, als ob er sich im Korridor geirrt habe. Eine andere Möglichkeit bestand darin, in das Zimmer zu treten, in welches er rechtmäßig eingewiesen worden war und in dessen einem Bett bereits ein Mann schlief.

Schwamm drückte die Klinke herab. Er schloß die Tür wieder und tastete mit flacher Hand nach dem Lichtschalter. Da hielt er plötzlich inne: neben ihm – und er schloß sofort, daß da die Betten stehen müßten – sagte jemand mit einer dunklen, aber auch energischen Stimme:

»Halt! Bitte machen Sie kein Licht. Sie würden mir einen Gefallen tun, wenn Sie das Zimmer dunkel ließen.«

»Haben Sie auf mich gewartet?« fragte Schwamm erschrocken; doch er erhielt keine Antwort. Statt dessen sagte der Fremde:

»Stolpern Sie nicht über meine Krücken, und seien

Sie vorsichtig, daß Sie nicht über meinen Koffer fallen, der ungefähr in der Mitte des Zimmers steht. Ich werde Sie sicher zu Ihrem Bett dirigieren: Gehen Sie drei Schritte an der Wand entlang, und dann wenden Sie sich nach links, und wenn Sie wiederum drei Schritte getan haben, werden Sie den Bettpfosten berühren können.«

Schwamm gehorchte: er erreichte sein Bett, entkleidete sich und schlüpfte unter die Decke. Er hörte die Atemzüge des anderen und spürte, daß er vorerst nicht würde einschlafen können.

»Übrigens«, sagte er zögernd nach einer Weile, »mein Name ist Schwamm.«

»So«, sagte der andere.

»Ja.«

»Sind Sie zu einem Kongreß hierhergekommen?«

»Nein. Und Sie?«

»Nein.«

»Geschäftlich?«

»Nein, das kann man nicht sagen.«

»Wahrscheinlich habe ich den merkwürdigsten Grund, den je ein Mensch hatte, um in die Stadt zu fahren«, sagte Schwamm. Auf dem nahen Bahnhof rangierte ein Zug. Die Erde zitterte, und die Betten, in denen die Männer lagen, vibrierten.

»Wollen Sie in der Stadt Selbstmord begehen?« fragte der andere.

»Nein«, sagte Schwamm, »sehe ich so aus?«

»Ich weiß nicht, wie Sie aussehen«, sagte der andere, »es ist dunkel.«

Schwamm erklärte mit banger Fröhlichkeit in der Stimme:

»Gott bewahre, nein. Ich habe einen Sohn, Herr ... (der andere nannte nicht seinen Namen), einen kleinen Lausejungen, und seinetwegen bin ich hierhergefahren.«

»Ist er im Krankenhaus?«

»Wieso denn? Er ist gesund, ein wenig bleich zwar, das mag sein, aber sonst sehr gesund. Ich wollte Ihnen sagen, warum ich hier bin, hier bei Ihnen, in diesem Zimmer. Wie ich schon sagte, hängt das mit meinem Jungen zusammen. Er ist äußerst sensibel, mimosenhaft, er reagiert bereits, wenn ein Schatten auf ihn fällt.«

»Also ist er doch im Krankenhaus.«

»Nein«, rief Schwamm, »ich sagte schon, daß er gesund ist, in jeder Hinsicht. Aber er ist gefährdet, dieser kleine Bengel hat eine Glasseele, und darum ist er bedroht.«

»Warum begeht er nicht Selbstmord?« fragte der andere.

»Aber hören Sie, ein Kind wie er, ungereift, in solch einem Alter! Warum sagen Sie das? Nein, mein Junge ist aus folgendem Grunde gefährdet: Jeden Morgen, wenn er zur Schule geht – er geht übrigens immer allein dorthin – jeden Morgen muß er vor einer Schranke stehen bleiben und warten, bis der Frühzug vorbei ist. Er steht dann da, der kleine Kerl, und winkt, winkt heftig und freundlich und verzweifelt.«

»Ja und?«

»Dann«, sagte Schwamm, »dann geht er in die Schule, und wenn er nach Hause kommt, ist er verstört und benommen, und manchmal heult er auch. Er ist nicht imstande, seine Schularbeiten zu machen, er mag nicht spielen und nicht sprechen: das geht nun schon seit Monaten so, jeden lieben Tag. Der Junge geht mir kaputt dabei!«

»Was veranlaßt ihn denn zu solchem Verhalten?«

»Sehen Sie«, sagte Schwamm, »das ist merkwürdig: Der Junge winkt, und – wie er traurig sieht – es winkt ihm keiner der Reisenden zurück. Und das nimmt er sich so zu Herzen, daß wir – meine Frau und ich – die größten Befürchtungen haben. Er winkt, und keiner winkt zurück; man kann die Reisenden natürlich nicht dazu zwingen, und es wäre absurd und lächerlich, eine diesbezügliche Vorschrift zu erlassen, aber …«

»Und Sie, Herr Schwamm, wollen nun das Elend Ihres Jungen aufsaugen, indem Sie morgen den Frühzug nehmen, um dem Kleinen zu winken?«

»Ja«, sagte Schwamm, »ja.«

»Mich«, sagte der Fremde, »gehen Kinder nichts an. Ich hasse sie und weiche ihnen aus, denn ihretwegen habe ich – wenn man's genau nimmt – meine Frau verloren. Sie starb bei der ersten Geburt.«

»Das tut mir leid«, sagte Schwamm und stützte sich im Bett auf. Eine angenehme Wärme floß durch seinen Körper; er spürte, daß er jetzt würde einschlafen können.

Der andere fragte: »Sie fahren nach Kurzbach, nicht wahr?«

»Ja.«

»Und Ihnen kommen keine Bedenken bei Ihrem Vorhaben? Offener gesagt: Sie schämen sich nicht, Ihren Jungen zu betrügen? Denn, was Sie vorhaben, Sie müssen es zugeben, ist doch ein glatter Betrug, eine Hintergehung.«

Schwamm sagte aufgebracht: »Was erlauben Sie sich, ich bitte Sie, wie kommen Sie dazu!« Er ließ sich fallen, zog die Decke über den Kopf, lag eine Weile überlegend da und schlief dann ein.

Als er am nächsten Morgen erwachte, stellte er fest, daß er allein im Zimmer war. Er blickte auf die Uhr und erschrak: bis zum Morgenzug blieben ihm noch fünf Minuten, es war ausgeschlossen, daß er ihn noch erreichte.

Am Nachmittag – er konnte es sich nicht leisten, noch eine Nacht in der Stadt zu bleiben – kam er niedergeschlagen und enttäuscht zu Hause an.

Sein Junge öffnete ihm die Tür, glücklich, außer sich vor den Fäusten gegen seinen Schenkel und rief:

»Einer hat gewinkt, einer hat ganz lange gewinkt.«

»Mit einer Krücke?« fragte Schwamm.

»Ja, mit einem Stock. Und zuletzt hat er sein Taschentuch an den Stock gebunden und es so lange aus dem Fenster gehalten, bis ich es nicht mehr sehen konnte.«

Abschied an die Leser

Wenn du von allem dem, was diese Blätter füllt,
Mein Leser, nichts des Dankes wert gefunden:
So sei mir wenigstens für das verbunden,
Was ich zurück behielt.

Verzeichnis der Autorinnen und Autoren, Texte und Druckvorlagen

Alle mit einem * gekennzeichneten Texte wurden behutsam modernisiert.

LOUISA MAY ALCOTT (1832–1888)

41 Der Rat einer alten Frau*
L. M. A. Little Women: Beth und ihre Schwestern. Übers. von Monika Baark. Stuttgart: Reclam, 2021. S. 45–59.

ANONYM

63 (1) *Was du mit Gelde*
79 (2) *Dankbar sein*
86 (3) *Dankbarkeit gefällt**
Die deutschen Sprichwörter. Gesammelt von Karl Simrock. Einl. von Wolfgang Mieder. Stuttgart: Reclam, 1988. S. 94 (1), S. 93 (2, 3).

LUDWIG BECHSTEIN (1801–1860)

93 Die dankbaren Tiere*
L. B.: Deutsches Märchenbuch. Stuttgart: Reclam, 2019. S. 340–342.

CHRISTIAN ERNST VON BENTZEL-STERNAU (1767–1849)

15 Der echte Wohltäter* [Titel vom Verlag]
C. E. von B.-S.: Meyer's Groschen-Bibliothek der deutschen Classiker für alle Stände. Hildburghausen: Druck vom Bibliographischen Institut, 1870. S. 50.

BERTOLT BRECHT (1898–1956)

105 Die Vögel warten im Winter vor dem Fenster
B. B.: Die Gedichte. Hrsg. von Jan Knopf. Frankfurt a. M.: Suhrkamp, 2007. S. 385. –

WILHELM BUSCH (1832–1908)

19 (1) Doppelte Freude
39 (2) *Will das Glück nach seinem Sinn*
99 (3) Es kam ein Lump mir in die Quer [Titel vom Verlag]
W. B.: Sämtliche Werke. Bd. 6. Hrsg. von Otto Nöldeke. München: Braun & Schneider, 1943. S. 357 (1), S. 388 (2), S. 237 f. (3).

MARIE VON EBNER-ESCHENBACH (1830–1916)

74 *Das schönste Freundschaftsverhältnis**
M. von E.-E.: Es gibt kein Wunder für den, der sich nicht wundern kann. Aphorismen. Mit einem Nachw. von Ingrid Cella. Stuttgart: Reclam, 2021. S. 82.

EPIKUR (341 – 270 v. Chr.)

74 *Die Freundschaft*
E.: Briefe, Sprüche, Werkfragmente. Griech./Dt. Übers. und hrsg. von Hans-Wolfgang Krautz. Stuttgart: Reclam, 1980 [u. ö.]. S. 91. (Universal-Bibliothek. 9984.)

THEODOR FONTANE (1819–1898)

29 (1) *Es gibt nur ein Mittel**
31 (2) Zuspruch
53 (3) Memento*
T. F.: Brief an Emilie Fontane, 7. Juli 1887. In: Ders.: Briefe. 4 Bde. Hrsg. von Helmuth Nürnberger [u. a.]. München 1976–1982. S. 320. (1)
T. F.: Gedichte. Hrsg. von Karl Richter. Stuttgart: Reclam, 1998. S. 43. (Universal-Bibliothek. 6956.) (2)
T. F.: Sämtliche Werke. Bd. 20. Hrsg. von Edgar Groß [u. a.]. München: Nymphenburger Verlagshandlung, 1959–1975. S. 8. (3)

CHRISTIAN FÜRCHTEGOTT GELLERT (1715–1769)

20 Denn was ist göttlicher, als wenn du liebreich bist!* [Titel vom Verlag]
C. F. G.: Sämmtliche Schriften. Erster Theil. Leipzig: M. G. Weidmanns Erben und Reich und Caspar Fritsch, 1769. S. 103.

AULUS GELLIUS (130–180)

87 Androklus und der Löwe* [Titel vom Verlag]
G.: Die attischen Nächte. Übers. und mit Anm. von Fritz Weiss. Bd. 1. Leipzig: Fues's Verlag, 1875. S. 294–298.

STEFAN GEORGE (1868–1933)

59 Danksagung
S. G.: Der siebente Ring. Gesamt-Ausgabe der Werke, endgültige Fassung. Bd. 6/7. Berlin: Georg Bondi, 1931. S. 80 f.

HERMANN VON GILM ZU ROSENEGG (1812–1864)

60 Zueignung*
H. von G. zu R.: Acht Gedichte aus »letzte Blätter« für eine Singstimme mit Klavierbegleitung. München: Jos. Aibl Verlag, 1897. S. 2 f.

JOHANN WOLFGANG GOETHE (1749–1832)

11 (1) *Tut dir jemand was zulieb*
16 (2) Nun will ich zum Danke fliegen* [Titel vom Verlag]
27 (3) Die Grazien [Titel vom Verlag]
J. W. G.: Berliner Ausgabe. Bd. 1. Hrsg. von Siegfried Seidel. Berlin: Aufbau, 1960. S. 449 (1), S. 457. (2)
J. W. G.: Faust. Der Tragödie Zweiter Teil. Stuttgart: Reclam, 1986. S. 22. (Universal-Bibliothek .2.) (3)

HANNS VON GUMPPENBERG (1866–1928)

37 Dank*
H. von G.: Das teutsche Dichterroß. München: Callwey, 1929. S. 103.

JOHANN PETER HEBEL (1760–1826)

103 Dankbarkeit*
J. P. H.: Poetische Werke in einem Bande. Berlin: Der Tempel Verlag, [1911]. S. 314.

HEINRICH HEINE (1797–1856)

51 Wie dunkle Träume stehen* [Titel vom Verlag]
H. H.: Buch der Lieder. Hamburg: Hoffmann und Campe, 1827. S. 244.

AUGUST HEINRICH HOFFMANN VON FALLERSLEBEN (1798–1874)

108 Hab Dank, du lieber Wind!
H. H. von F.: Auswahl in drei Teilen. Tl. 1: Lyrische Gedichte. Hrsg., mit Einl. und Anm. von Augusta Weldler-Steinberg. Berlin/Leipzig/Wien/Stuttgart: Deutsches Verlagshaus Bong & Co., 1845. S. 136 f.

IMMANUEL KANT (1724–1804)

81 Von der Pflicht der Dankbarkeit
I. K.: Werke in zwölf Bänden. Bd. 8. Hrsg. von Wilhelm Weischedel. Frankfurt a. M.: Suhrkamp, 1977. S. 590.

ADOLPH FREIHERR VON KNIGGE (1752–1796)

82 Über die Verhältnisse unter Wohltätern und denen, welche Wohltaten empfangen*
A. F. von K.: Über den Umgang mit Menschen. Hrsg. von Gerd Ueding. Frankfurt a. M.: Insel, 1977. S. 242–244.

KONFUZIUS (551–479 v. Chr.)

38 *Konfuzius sprach*
K.: Gespräche. Übers. und hrsg. von Ralf Moritz. Stuttgart: Reclam, 1998. S. 5. (Universal-Bibliothek. 11110.)

AUGUST VON KOTZEBUE (1761–1819)

17 *Dankbare Menschen*
A. von K.: Lohn der Wahrheit. Ein Schauspiel in fünf Aufzügen. In: Ders.: Theater. Eilfter Band. Wien/Leipzig: Ignaz Klang [u. a.], 1840. S. 25.

KARL KRAUS (1874–1936)

38 *Unter Dankbarkeit*
K. K.: Sprüche und Widersprüche. München: Albert Langen Verlag für Litteratur und Kunst, 1909. S. 70.

SIEGFRIED LENZ (1926–2014)

109 Die Nacht im Hotel

S. L.: Jäger des Spotts. Geschichten aus dieser Zeit. Hamburg: – © 2013 Hoffmann und Campe Verlag GmbH, Hamburg.

GOTTHOLD EPHRAIM LESSING (1729–1781)

116 Abschied an die Leser

G. E. L.: Werke in sechs Bänden. Aufgrund der von Julius Petersen und Waldemar von Olshausen bes. Ausg. neu bearb. von Fritz Fischer. Bd. 1: Gedichte und Fabeln. Jugenddramen. Bd. 2: Dramen. Bd. 3: Literaturkritik. Zürich: Stauffacher, 1965.

JEAN-FRANÇOIS MARMONTEL (1723–1799)

67 *Wo kann man besser sein**

J.-F. M.: Lucile. Ein Singspiel in einem Aufzuge. München: Churfürstliches Theater, 1778. S. 13.

KARL MAY (1842–1912)

40 Weltweisheit*

K. M.: Himmelsgedanken. Gedichte. Freiberg i. Br.: Friedrich Ernst Fehsenfeld, 1900. S. 347–349.

PAULA MODERSOHN-BECKER (1876–1907)

67 (1) *Ich lege meinen Kopf in deinen Schoß*

71 (2) An die Mutter [Titel vom Verlag]

P. M.-B.: Briefe und Tagebuchblätter. Hrsg. und biogr. eingef. von E. D. Gallmiss. Berlin: Kurt Wolff Verlag, 1920. S. 222 (1), S. 32 (2).

CHRISTIAN MORGENSTERN (1871–1914)

50 (1) Die Fußwaschung*

57 (2) Dankbarkeit und Liebe

C. M.: Wir fanden einen Pfad. Neue Gedichte. München: Piper, 1914. S. 57 (1).

C. M.: Sämtliche Dichtungen. Hrsg. von H. O. Proskauer. Abt. 1. Bd. 7. Basel: Zbinden Verlag, 1971–1973. S. 75. (2)

WILHELM MÜLLER (1794–1827)

61 Danksagung an den Bach*
W. M.: Gedichte aus den hinterlassenen Papieren eines reisenden Waldhornisten. Berlin: B. Behrs Verlag, 1906. S. 6 f.

FRIEDRICH NIETZSCHE (1844–1900)

17 (1) *Man darf wohl eine Bitte abweisen*
33 (2) *Der Philosoph der Üppigkeit*
92 (3) Vornehmheit und Dankbarkeit [Titel vom Verlag]
F. N.: Werke in drei Bänden. Bd. 1. Hrsg. von Karl Schlechta. München: Hanser, 1954. S. 1169 (1), S. 639. (3)
F. N.: Menschliches, Allzumenschliches. Ein Buch für freie Geister. Frankfurt a. M.: Insel, 1982. S. 401. (2)

NOVALIS (d. i. Friedrich von Hardenberg, 1772–1801)

26 Dankbarkeit auf Erden* [Titel vom Verlag]
N.: Schriften. Die Werke Friedrich von Hardenbergs. Hrsg. von Paul Kluckhohn und Richard Samuel. Stuttgart: Kohlhammer, 1960. S. 165 f.

WILHELM RAABE (1831–1910)

107 *Jeder Frühlings-Sonnentag*
W. R.: Notizen und Lebensrückblick. In: Ders.: Gesammelte Werke in drei Bänden. Hrsg. von Hans Jürgen Meinerts. Bd. 3. Gütersloh: Mohn, [o. J.].

RAINER MARIA RILKE (1875–1926)

13 (1) *Dank ist ja viel mehr*
58 (2) Wenn es nur einmal so ganz stille wäre [Titel vom Verlag]
R. M. R.: Briefe aus den Jahren 1906 bis 1907. Gesammelte Werke. Bd. 9. Hrsg. von Ruth Sieber-Rilke und Carl Sieber. Leipzig: Insel, 1930. S. 48 (1)
R. M. R.: Sämtliche Werke. Hrsg. vom Rilke-Archiv in Verbindung mit Ruth Sieber-Rilke. Bes. von Ernst Zinn. Bde. 1–6. Wiesbaden / Frankfurt a. M.: Insel, 1955–1966. S. 255. (2)

JOACHIM RINGELNATZ (1883–1934)

52 (1) An den Mann im Spiegel*
104 (2) Jenem Stück Bindfaden
J.R.: Allerdings. Gedichte. Berlin: Rowohlt, 1928. S. 167. (1)
J.R.: Gedichte, Gedichte von einstmals und heute. Berlin: Rowohlt, 1934. S. 30. (2)

OTTO ROQUETTE (1824–1896)

18 Nur die Liebe weiß zu danken* [Titel vom Verlag]
O.R.: Gedichte. 3., veränderte und verm. Aufl. Stuttgart: Verlag der J. G. Cotta'schen Buchhandlung, 1880. S. 188.

EUGEN ROTH (1895–1976)

75 Später Dank
E.R.: Sämtliche Werke. Bd. 7: Anekdoten und Erinnerungen. Erster Teil. München/Wien: Hanser, 1977. S. 51–53. – © Dr. Thomas Roth, München.

JEAN-JACQUES ROUSSEAU (1712–1778)

73 Entziehe mir nicht deiner Freundschaft Süße! [Titel vom Verlag]
J.-J. R.: Julie oder Die neue Héloïse. Vollständige Ausgabe. In der ersten deutschen Übertragung von Johann Gottfried Gellius. München: Deutscher Taschenbuch Verlag, 1988. S. 96.

FRIEDRICH RÜCKERT (1788–1866)

34 (1) Klage nicht* [Titel vom Verlag]
69 (2) Meiner lieben Schwiegertochter Alma*
97 (3) Weisheit des Brahmanen*
F. R.: Gesammelte Gedichte. Zweiter Band. Erlangen: Verlag von Carl Heyder, 1837. S. 386. (1)
F. R.: Ein biographisches Denkmal. Hrsg. von Conrad Beyer. Frankfurt a. M.: J. D. Sauerländer's Verlag, 1868. S. 444–446. (2)
F. R.: Weisheit des Brahmanen. Ein Lehrgedicht in Bruchstücken. Leipzig: Weidmann'sche Buchhandlung, 1843. S. 592, 74, 193. (3)

FERDINAND SAUTER (1804–1854)

32 Sei nicht dumm*
F. S.: Gedichte. Hrsg. von Julius von der Traun. Wien: Verlag von Tendler und Comp. 1855. S. 135.

FRIEDRICH SCHILLER (1759–1805)

68 Herzgeliebte Eltern!*
Eduard Boas: Schiller's Jugendjahre. Hrsg. von Wendelin von Maltzahn. Erster Band. Hannover: C. Rümpler, 1856. S. 69.

ARTHUR SCHOPENHAUER (1788–1860)

35 Hundertmal glücklich* [Titel vom Verlag]
A. S.: Gesammelte Briefe. Hrsg. und übers. von Arthur Hübscher. Bonn: Bouvier, 1978. S. 669. [Brief an Anthime Cregoire de Blesimaire, 10. Dezember 1836.]

ALBERT SCHWEITZER (1875–1965)

21 Gutes empfangen, Gutes tun [Titel vom Verlag]
A. S.: Was sollen wir tun? 12 Predigten über ethische Probleme. Aus dem Nachlaß hrsg. von Martin Strege und Lothar Stiehm. 2., verb. und erg. Aufl. Heidelberg: Verlag Lambert Schneider, 1986. S. 170–174. – © Verlag C. H. Beck, München.

SENECA (4–65)

72 (1) Vom glückseligen Leben*
101 (2) *Willst du dich**
S.: Vom glückseligen Leben und andere Schriften. Übers. nach Ludwig Rumpel. Hrsg. von Peter Jaerich. Stuttgart: Reclam, 1984 [u. ö.]. S. 44. (1)
S.: De ira / Über die Wut. Lat./Dt. Übers. und hrsg. von Jula Wildberger. Stuttgart: Reclam, 2007. S. 249–251. (2)

GERMAINE DE STAËL (1766–1817)

107 *Ja das Buch*

G. de S.: Versuch über die Dichtungen. In: Die Horen. Jahrgang 1796. Zweytes Stück. Tübingen: J. G. Cotta'sche Buchhandlung, 1796. S. 55.

KURT TUCHOLSKY (1890–1935)

65 Mutterns Hände

K. T.: Gesammelte Werke in zehn Bänden. Hrsg. von Mary Gerold-Tucholsky und Fritz J. Raddatz. Bd. 7. Reinbek bei Hamburg: Rowohlt Verlag, 1975. S. 138 f.

WILHELM VOGEL (1772–1843)

86 *Nicht erwarteter Dank*

W. V.: Im zeitlosen Strome. Randbemerkungen des Lebens. Leipzig: Xenien-Verlag, 1913. S. 55.

HELENE GRÄFIN VON WALDERSEE (1830–1869)

33 *Das Beste in der Welt*

39 *Es gibt eine feine Herzensanmut des Gebens*

55 *Das Danken*

H. G. von W.: Späne aus stiller Werkstatt. Aphorismen. 1908. S. 15.